AF349909

Collection de Monsieur B...

DESSINS, AQUARELLES

ET MINIATURES

Des Écoles Française, Flamande, Italienne, etc.

VENTE

Le Vendredi 3 Décembre 1897, à 2 heures

HOTEL DROUOT, SALLE N° 10

EXPOSITION PUBLIQUE

Le Jeudi 2 Décembre 1897

De 1 heure 1/2 à 5 heures 1/2

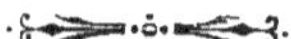

Me Georges DUCHESNE
COMMISSAIRE-PRISEUR
Rue de Hanovre, 6

M. G. BERNE-BELLECOUR
EXPERT
Boulevard Malesherbes, 68

PARIS — 1897

Conditions de la Vente

—

Elle se fera au comptant.

Les acquéreurs paieront **cinq pour cent**, en sus des d'adjudications.

L'exposition mettant le public à même d'examiner les Dessins et Aquarelles exposés, aucune réclamation ne sera admise une fois l'adjudication prononcée.

Maulde, Doumenc et Cie, imp. de la Cie des Commissaires-Priseurs, rue de Rivoli, 144   3oo—70387

Désignation

DESSINS ET AQUARELLES

BANDINELLI (Baccio)

1 — Martyre de Saint Laurent.

Sépia.

BASSAN (École de)

2 — Le Bon Samaritain.

Dessin rehaussé.

BARTOLOMMÉO (Attribué à Fra)

3 — La Vierge et l'Enfant Jésus.

Dessin.

BATTUM (Van

4 — Le Chemin de Croix.

Dessin rehaussé de blanc.

BERTHELEMY

5 — Jugement des fils de Brutus.

Dessin à la sépia.

BERTHELEMY

6 — L'Exécution.

Dessin à la sépia.

BECCAFUMI (Dominico)

7 — Moïse.

Sépia.

BLOEMAERT (Abraham)

8 — La Samaritaine.

Dessin au lavis.

BOISSIEU (J.-J.)

9 — La Forêt.

Dessin à la plume et au lavis.

BOISSIEU (J.-J.)

10 — Les Mendiants.

Dessin à la mine de plomb.

BOUCHER (D'après)

11 — Amour.

Dessin aux deux crayons.

BOUCHOT (Attribué à)

12 — Une Soirée.

Aquarelle.

BUONAROTTI (Attribué à Michel-Ange)

13 — Études.

Sanguine.

CARRACHE (Attribué à A.)

14 — La Naissance du Christ.

Sépia.

CALVAERT (Attribué à Denis)

15 — La Multiplication des Pains.

Dessin.

CARESME (Attribué à)

16 — La Balançoire.

Aquarelle.

CAMPI

17 — La Sainte Famille.

Dessin aux deux crayons.

CIPRIANI

18 — Allégorie de la Charité.

Dessin.

COUSIN (Jean)

19 — Le Jugement dernier.

Dessin au fusain.

CORTONE (Pietro de)

20 — Saint Charles pendant la Peste de Milan.

Sépia.

COYPEL (Attribué à A.)

21 — Adam et Ève.

Dessin à la sépia.

DEBUCOURT

22 — Paysage.

Aquarelle.

DIETRICH

23 — Le Serpent d'airain.

Dessin.

DOMINIQUIN (École du)

24 — Sainte Cécile.

Dessin à la sanguine.

DOMINIQUIN (École du)

25 — La Guérison des Paralytiques.

Sépia.

DOMINIQUIN (Attribué au)

26 — Lapidation de Saint Étienne.

Dessin au bistre.

ESTAMPE EN COULEUR

27 — Portrait de Turenne.

ÉCOLE FRANÇAISE

28 — Campagne de Rome.

Dessin.

ÉCOLE FRANÇAISE

29 — Tête de jeune Femme.

Dessin au fusain.

ÉCC.. E FRANÇAISE

30 — Une Fleuriste.

ÉCOLE FRANÇAISE

31 — Le Calvaire.

Sanguine.

ÉCOLE FRANÇAISE

32 — Un Bal sous Louis XVI.

Aquarelle.

ÉCOLE FRANÇAISE DU XVIIIᵉ SIÈCLE

33 — Portrait de jeune Fille.

Pastel.

ÉCOLE FLAMANDE (Genre Van Ostade)

34 — Intérieur de Ferme.

> Sépia.

ÉCOLE FLAMANDE

35 — Scène de Paysans.

> Dessin à la plume.

ÉCOLE FLAMANDE

36 — Marchands de lorgnettes (Grotesques).

> Dessin à la plume.

ÉCOLE FLAMANDE

37 — Deux Feuillets de missel.

> Miniatures gouachées.

ÉCOLE FLAMANDE

38 — Deux Feuillets de missel.

> Miniatures gouachées.

ÉCOLE ITALIENNE

39 — Sujets religieux.

> Deux dessins à la sépia.

ÉCOLE ITALIENNE

40 — La Nativité.

Dessin à la plume.

ÉCOLE ITALIENNE

41 — Joseph vendu par ses frères.

Dessin au lavis.

ÉCOLE ITALIENNE

42 — Le Baptème de Saint Jean-Baptiste.

Dessin au lavis.

ÉCOLE ITALIENNE

43 — Adoration des Mages.

Dessin au lavis.

ÉCOLE ITALIENNE

44 — Le Christ descendu de croix.

Sépia.

ÉCOLE ITALIENNE

45 — Mise au tombeau.

Sépia.

ÉCOLE ITALIENNE

46 — Martyre de Saint André.

Sépia.

ÉCOLE ITALIENNE

47 — Martyre de Saint Étienne.

Miniature gouachée.

ÉCOLE ITALIENNE

48 — Laissez venir à moi les petits enfants.

Sépia.

ÉCOLE ITALIENNE

49 — Présentation de la Vierge au Temple.

Fusain.

ÉCOLE ITALIENNE

50 — Descente de croix.

Plume et lavis.

ÉCOLE PRIMITIVE ITALIENNE

51 — Adoration de la Vierge.

Sépia.

ÉCOLE PRIMITIVE ITALIENNE

52 — Une Draperie.

Dessin à la mine de plomb.

ÉCOLE VÉNITIENNE

53 — Le Baptême du Christ.

Sépia.

ÉCOLE VÉNITIENNE

54 — L'Assomption.

Sanguine.

ÉCOLE ROMAINE

55 — David et Bethsabée.

Dessin au lavis rehaussé.

FLAMINIO FLORIANO (Attribué à)

56 — Les Noces de Cana.

Dessin à la sépia.

GIORGON (Attribué à)

57 — Études.

Dessin au bistre.

GROS (Attribué au Baron)

58 — Bataille des Pyramides.

>Projet de tableau.
>Dessin à la plume et au lavis.

GONTIER (Liward)

59 — Adoration de la Vierge.

>Dessin à la sanguine et sépia.

HUBERT-ROBERT (École de)

60 — Paysage.

>Aquarelle.

INCONNU

61 — Femme nue.

>Sanguine.

INCONNU

62 — Tentation de Saint Antoine.

>Dessin à l'encre de Chine.

JOUVENET

63 — Les Vendeurs chassés du Temple.

>Sépia.

LENS (Bernard)

64 — Mars et Vénus (D'après Rubens).

Miniature.

LICINIO DE PORDONONE (Attribué à Antonio)

65 — Le Triomphe du Christ.

Dessin aux deux crayons.

LEJEUNE

66 — Épisode de la Guerre de Troie.

Dessin.

LARGILLIÈRE (Attribué à)

67 — Portrait d'un Magistrat.

MIGNARD (D'après)

68 — La Visitation.

Dessin à la mine de plomb.

MOUCHERON

69 — Vue d'Italie.

Aquarelle.

MARATTI

70 — Présentation de l'Enfant Jésus.

Sépia.

MINIATURE DU XIVᵉ SIÈCLE

71 — Présentation de l'Enfant Jésus.

En couleur gouachée.

NATOIRE (Attribué à)

72 — Jeune Femme assise.

Dessin à la mine de plomb.

NANTEUIL (Robert)

73 — Portrait de Descartes.

Dessin au crayon noir rehaussé.

PAGGI

74 — Le Retour d'Égypte.

Miniature gouachée. XVIᵉ siècle.

PARMESAN (Genre du)

75 — Sujet religieux.

Dessin rehaussé.

PERELLE

76 — Paysage.

Dessin à la plume.

PERELLE

77 — Paysage.

Dessin à la plume.

PERINO DEL VAGA

78 — La Cène.

Dessin à la sépia.

POUSSIN (Attribué au)

79 — La Femme adultère.

Dessin à la mine de plomb.

POUSSIN (École de)

80 — Une Résurrection.

Sépia.

QUELLYN

81 — Le Christ et Saint Mathieu.

Dessin aux deux crayons.

REMBRANDT (École de)

82 — Tobie.

Dessin à l'encre de Chine.

REMBRANDT (D'après)

83 — Le Christ guérissant les Malades.

Dessin à la mine de plomb.

RUBENS (D'après)

84 — Salomé et Saint Jean-Baptiste.

Sanguine.

RUBENS (École de)

85 — Scipion l'Africain recevant des Otages.

Sépia et plume.

RUBENS (École de)

86 — Salomon.

Sanguine.

SALVIATI

87 — Flagellation du Christ.

Dessin.

SIGALON (Xavier)

88 — Ribaude.

Aquarelle.

SOLARIO (Genre de)

89 — Le Calvaire.

Miniature du xvie siècle.

STRADANUS

90 — Arrestation du Christ.

Dessin à la plume et mine de plomb.

TIEPOLO (Attribué à)

91 — Le Festin.

Sépia.

TINTORET (Genre du)

92 — Jézabel mangée par les chiens.

Sépia.

VANNI

93 — Sainte Thérèse.

Dessin au fusain.

VÉRONÈSE (Attribué à)

94 — Le Festin de Balthazar.
>Dessin au bistre.
>(Vente Guillaume II — 1850).

VÉRONÈSE (École de)

95 — La Madeleine aux pieds du Christ.
>Sépia.

VINCI (École de LÉONARD DE)

96 — Têtes d'Homme.
>Dessin aux deux crayons.

VOS (École de MARTIN DE)

97 — Un Philosophe.
>Dessin.

ZUCCARO (THADÉE)

98 — Apparition du Christ.
>Sépia rehaussée.

ZUCCARO

99 — Consécration de Sainte Agathe.
>Dessin au bistre.

ZURBARAN (Attribué à)

100 — **Naissance du Christ.**

Sépia.